P. B. GHEUSI

L'OPÉRA-COMIQUE

PENDANT LA GUERRE

Prix : 1 fr. 50

ÉDITIONS
DE « LA NOUVELLE REVUE »
80, RUE TAITBOUT, 80
PARIS

L'OPÉRA-COMIQUE

PENDANT LA GUERRE

MACON, PROTAT FRÈRES, IMPRIMEURS

P. B. GHEUSI

L'OPÉRA-COMIQUE

PENDANT LA GUERRE

ÉDITIONS
DE « LA NOUVELLE REVUE »
80, RUE TAITBOUT, 80
PARIS

I

1914-1915

Les six premiers mois de la Direction nouvelle de l'Opéra-Comique avaient clôturé notre semestre initial, le 30 juin 1914, avec des résultats inespérés : non seulement, au lendemain d'une succession des plus lourdes selon les pronostics de l'opinion, l'Opéra-Comique conservait le haut rang qu'il avait conquis dans l'estime des musiciens ainsi que la faveur de la foule et des habitués, mais il avait su rehausser encore l'éclat de ses représentations par une activité féconde et un redoublement de soins dans la mise en œuvre de son répertoire, de ses créations et de ses reprises.

Les recettes du semestre, dépassant mes prévisions les plus hardies, réalisaient un total supérieur à celui du précédent exercice. Un programme touffu, varié, digne du renom universel de notre théâtre, allait annoncer que l'Opéra-Comique, multipliant encore ses travaux, inaugurerait, au retour des vacances, une série de spectacles inédits ou entièrement renouvelés.

La liste de nos pensionnaires brillait déjà des

noms les plus célèbres de l'art lyrique. Elle s'était accrue aussi des nouveaux interprètes que leurs études, leurs succès précoces ou des ambitions légitimes signalaient à mon désir de mettre en valeur tous les talents et de réserver à chaque artiste capable d'honorer la Maison sa place sur notre scène, son tour régulier dans les distributions et la certitude de n'avoir à souffrir chez nous ni d'une rivalité despotique, ni d'un monopole interdit.

Au moment où, les études recommençant rue Favart, nous allions reprendre le courant de nos représentations, un fléau formidable s'est abattu soudain sur le pays : la Guerre — arrêtant net l'essor de la vie nationale — a brutalement barricadé les portes de l'Opéra-Comique, à la veille même de les rouvrir.

Dès les premiers jours de la mobilisation, conscient de notre devoir, j'ai obtenu des Ministres de l'Instruction Publique et des Beaux-Arts les mesures de protection officielle destinées à garantir la vie de tous les nôtres, mobilisés ou non, en assurant le pain de leurs familles.

Le Gouvernement, sur ma demande, voulut bien attribuer au petit personnel du Théâtre — orchestre, chœurs, ballet, scène, ateliers, administration, habilleurs, machinistes, accessoiristes, magasiniers et jeunes artistes sans ressources — le paiement de la subvention (25.000 francs par mois) aux trois cents participants environ qui ont euxmêmes réparti entre eux une allocation mensuelle fixée à 86 francs.

Pour nourrir les onze cents personnes que ces bénéficaires et leurs familles arrivent à totaliser, cette allocation demeurait insuffisante et ce fut mon souci constant jusqu'au jour où — malgré l'incorporation de notre jeunesse sous les drapeaux, la mobilisation progressive de nos territoriaux et des auxiliaires, successivement appelés dans les rangs de l'armée nationale — j'ai voulu rouvrir à tout prix l'Opéra-Comique et demander au public des ressources élargies et de meilleurs salaires pour mon personnel.

Mes artistes surtout, privés du bénéfice des indemnités de l'État, étaient durement éprouvés par le chômage et devaient émouvoir les premiers ma sollicitude. Le Ministère, mis au courant de mes intentions, m'encouragea à réaliser notre plan; téméraire aux yeux de mes collègues parisiens, il me séduisait d'autant plus que sa réussite devait donner, à la défense de la vie nationale et du moral de tous, des éléments illimités et la haute satisfaction d'affirmer — à cent kilomètres de l'ennemi, héroïquement contenu par nos armées — la persistance « quand même » du génie lyrique de la France et la courageuse supériorité de son art, au cœur sonore et vibrant de Paris.

Toutes les traditions de l'Opéra-Comique m'adjuraient de les renouer énergiquement et d'apporter aux âmes en détresse le réconfort et la joie

française des musiques de « chez nous ». Mille difficultés, de jour en jour plus graves, s'évertuaient
à nous en détourner. Nous n'avons entendu que
les fières voix du passé, les nobles conseils de
« l'imprudence »; et, le dimanche 6 décembre
1914, avec trois mois seulement de retard, malgré
les obstacles amoncelés contre nous par la Guerre
et avec l'autorisation du général Gallieni, gouver-
neur de Paris, qui avait bien voulu laisser à son
officier d'ordonnance l'initiative et la responsabilité
de cette décision, l'Opéra-Comique rouvrait ses
portes au milieu des acclamations du public.

Il ne devait plus les refermer.

Ce que furent les premières représentations données au bénéfice du Personnel et des victimes de
la Guerre, personne parmi nous ne l'oubliera jamais. Devant des auditoires sensibles jusqu'aux
larmes à la moindre allusion patriotique, avec des
programmes de circonstance où la *Fille du Régiment*, les Hymnes et les Danses des Alliés, le
Chant du Départ et la *Marseillaise*, tout palpitants
de réalité vivante et de poignante actualité, se
succédaient parmi les ovations d'une foule où les
blessés, les convalescents, les premiers éclopés de
l'interminable bataille s'enthousiasmaient de vivre
encore pour aller, le lendemain, se battre de nou-

veau contre l'envahisseur, — le Théâtre National de l'Opéra-Comique a, lui aussi, selon la parole d'un des chefs du Gouvernement, « bien mérité de la Patrie ».

Peut-être ne devrais-je point ici en convenir moi-même ; mais je me borne, somme toute, à enregistrer une approbation que le public et l'opinion ont bien voulu exprimer déjà à diverses reprises. Et puis, quand on a vécu, dans Paris et dans ses environs désormais épiques, les heures tragiques et splendides du 20 août au 15 septembre 1914, on ne peut se défendre d'une sorte de fierté contagieuse, gagnée dans la fièvre de nos premières victoires. Parfois, alors, j'ai eu l'illusion que les applaudissements du public devant nos manifestations lyriques, pour la gloire aussi de la Patrie, acclamaient, plus loin encore et plus haut que nous, l'âme chantante de la France qui n'a pas voulu mourir.

Des salles combles et les recettes du grand maximum me permirent d'attribuer aux nôtres des cachets rémunérateurs et de verser aussitôt aux victimes de la Guerre des dons et des secours dont le premier total dépassait 40.000 francs. C'est la part, la contribution volontaire de la Maison aux œuvres nationales ou privées que nous avons subventionnées ainsi, dès le début, — sans parler du droit des pauvres et des pourcentages divers dont sont toujours grevées nos recettes brutes.

La réussite éclatante de nos essais m'a, trois

semaines après, amené à envisager une réouverture plus complète encore et le fonctionnement normal d'une série de représentations à jours fixes — de douze à quinze fois par mois pour commencer — avec des affiches toujours inspirées par les circonstances, mais enrichies en outre dés reprises progressives du répertoire le plus français de notre Maison.

Bon nombre d'abonnés nous sont demeurés fidèles sans exiger l'impossible, c'est-à-dire les créations dispendieuses, la diversité, le nombre de spectacles dont le privilège et la primeur leur sont généralement réservés. Un public fervent nous a suivis et chaleureusement soutenus.

Tous les engagements — sans aucune exception, en vertu du cahier des charges et du cas de force majeure créé par la Guerre — étaient résiliés en fait et en droit. Notre admirable personnel a proposé et consenti, en se mettant à ma disposition, des réductions de salaires destinées à diminuer la moyenne des frais, beaucoup trop lourds, en de telles conjonctures, pour essayer de marcher sans succomber aussitôt sous leur poids.

Après la *Fille du Régiment*, le *Ballet des Nations Alliées*, le *Chant du Départ* et la *Marseillaise*, après les poèmes et les à-propos d'actualité, les intermèdes lyriques interprétés par des artistes de l'extérieur, nous avons joué la *Vivandière*, *Carmen*, *Manon* et *Thérèse*, créé les *Amoureux de Catherine*, donné *Lakmé* et *Mignon*, mis à la scène les *Soldats de France*.

Puis, ce furent *Paillasse*, la première des *Scènes Alsaciennes*, *Louise*, le *Jongleur de Notre-Dame*, les *Noces de Jeannette* et *Cavalleria Rusticana*. Ensuite ont reparu *Mârouf*, le premier succès de ma direction, que j'ai jalousement maintenu au répertoire, et *Fortunio*.

La création de *Sur le Front*, les reprises du *Chemineau* et de *Werther*, des galas spéciaux, au Trocadéro, à la Sorbonne, partout où l'on a donné des matinées nationales ou des concerts aux blessés, enfin la contribution quotidienne et très large de l'Opéra-Comique à toutes les solennités musicales de Paris ont attesté la vitalité, le dévouement, l'inlassable générosité d'une troupe dont il faudrait citer tous les noms pour exprimer entièrement ma gratitude et mon orgueil.

Le soir de notre cent cinquantième représentation de guerre (31 octobre 1915), j'ai la joie de constater que le public n'a, en somme, jamais délaissé l'Opéra-Comique. Après la tourmente, il aura d'autant moins désappris le chemin de notre Maison que, dérogeant audacieusement à une tradition constante, je n'ai pas voulu fermer nos portes pendant les deux derniers mois de l'été.

Seul de nos théâtres subventionnés — et des

autres — l'Opéra-Comique, dès 1915, a joué en juillet et en août; un succès persistant a justifié cet insolite effort. Nos frais et traitements, réduits après nouvelle entente avec le personnel, ont été couverts et même un peu dépassés grâce à l'achalandage continu de notre répertoire. Si nous avons, de janvier à juin, subi des pertes inévitables, elles ont été limitées au minimum, malgré les répétitions coûteuses, la mise au point et les complications journalières d'une exploitation gênée de plus en plus par la mobilisation des classes successives et les engagements volontaires.

Sans le dévouement éclairé de mes chefs de service, sans leur labeur assidu, ingénieux à parer aux difficultés de toutes les heures, j'aurais dû, depuis longtemps, renoncer à la majeure partie de nos représentations; il nous arrive, en effet, de faire répéter nos figurations, recrutées forcément au hasard, pendant les entr'actes qui précèdent leurs tableaux respectifs. Nous manquons tous les jours de machinistes, d'électriciens et d'auxiliaires. Les ténors de nos chœurs se raréfient; le contrôle est réduit à des suppléants; des premiers pupitres sont brusquement abandonnés à l'orchestre et des artistes qu'on ne peut remplacer disparaissent de l'affiche sans avoir même pu nous prévenir.

N'importe! Rien n'a diminué le zèle dévoué de toute la Maison. La verve, l'entrain, la confiance règnent au foyer de l'Opéra-Comique. La belle humeur, la camaraderie la plus affectueuse y réconfortent tout le monde. Et les absents ne sont pas oubliés : je leur ai fait envoyer, partout où la Guerre a dispersé mes mobilisés, des subsides et des provisions. Tous, hélas ! ne reviendront pas : dès la première année, neuf des nôtres, à ma connaissance, ont été tués à l'ennemi. Leurs noms — les seuls que j'aie à prononcer ici — resteront gravés dans nos mémoires ; ce sont nos morts glorieux au champ d'honneur : *Maurice Cazeneuve*, le parfait ténor, engagé volontaire, à 54 ans, dans le même régiment que son fils (46e d'infanterie) ; *Albert Bailly*, artiste des chœurs (génie) ; *Capdevieille*, musicien de l'orchestre (109e d'infanterie) ; *Richard* et *Ernest Michel*, costumiers habilleurs (train des équipages) ; *Landmesters*, brigadier-machiniste (sergent d'infanterie) ; *René Thomas*, machiniste (4e zouaves) ; *Malcouronne*, magasinier (caporal au 119e d'infanterie) ; *Francis Bonnet*, ateliers (336e d'infanterie).

Nous connaissons aussi dix blessés de l'Opéra-Comique ; ils ont valeureusement fait leur devoir.

Ainsi, l'histoire de notre Théâtre pendant la Guerre sera comme une page éclatante des annales mêmes du pays meurtri, avec — au premier plan — ses héros militaires et, derrière eux, ses femmes laborieuses et si noblement dévouées, ses travailleurs et ses artisans des villes en rumeur, tous les pionniers, armés ou non, de la solidarité nationale devant l'ennemi.

Quarante-sept artistes femmes et quarante-huit

chanteurs ont, en moins d'un an, paru sur notre scène. Ils y ont été acclamés et figurent, désormais, avec honneur, parmi les célébrités de la Maison. Nous ne sommes, certes, pas au bout de nos peines; nous n'avons pas atteint non plus la limite de nos sacrifices. Après un début qui nous promettait les plus fructueux résultats, nous demeurons, en pleine Guerre, les mains vides, mais le cœur satisfait; car nous sommes sûrs d'avoir fait tout notre devoir sans laisser péricliter ce qui demeure l'incomparable patrimoine artistique de l'Opéra-Comique et le gage certain de sa prospérité reconquise, après les jours d'épreuves qui n'auront paralysé nos efforts qu'à demi. J'ai dit à l'Assemblée de mes commanditaires — très fiers de n'avoir rien gagné depuis un an — que notre ambition, pendant la tourmente, se bornait à nous montrer à la fois généreux et sages. J'ai associé tout notre groupement aux bienfaits que nous devions à notre Personnel. Au retour des heures calmes du labeur en commun, il saura nous témoigner sa gratitude.

— « Vous verrez alors, ai-je conclu, que les résultats de cet exercice sans bénéfices n'auront pas laissé d'être tout de même rémunérateurs : ils auront fondé l'avenir de la Maison sur l'estime réciproque, la reconnaissante affection et la confiance qui noueront à jamais entre nous les liens d'une solidarité nouvelle en assurant les plus heureux lendemains à la grande famille du Théâtre National de l'Opéra-Comique. »

Et toute l'assemblée avait battu des mains.

II

1915-1916

Au cours de la seconde année, la liste s'accroît de nos morts et de nos blessés. Nous les saluons avec une fierté douloureuse.

L'Opéra-Comique peut se glorifier aussi de compter maintenant, parmi ses cent cinquante mobilisés, vingt croix de guerre, trois médailles militaires et deux chevaliers de la Légion d'honneur.

Le Théâtre n'a pas cessé de garder le contact avec ses braves et de les aider de son mieux. En leur adressant après chaque exercice le souvenir ému de notre gratitude, le très fervent hommage de notre admiration, nous n'acquittons pas seulement, en ce qui nous concerne, la dette morale que doit le pays à ceux qui l'auront sauvé : nous avons surtout l'orgueil d'invoquer — dans les pages qui vont résumer ici l'essentiel de nos annales artistiques — le souvenir de ceux qui auront, en somme, le mieux défendu notre Maison, en clouant au sol national, à cent kilomètres de nos portes, l'invasion brutale des Allemands.

Nous avons déjà nommé les premières de nos chères victimes, tombées au champ d'honneur.

J'ai vu dans les yeux de tous, quand j'en ai fait l'appel tragique, briller des larmes de pitié. Et cette émotion généreuse — pour parler ici le langage crédule et mystique de tous les théâtres du monde — nous a certainement porté bonheur : la prospérité de l'Opéra-Comique a, dès la seconde année de guerre, grandi de jour en jour jusqu'à dépasser mes plus ambitieuses espérances.

Ce que nous avons pu réaliser en pleine bataille, personne, en effet, ne l'eût entrepris sans en être, par avance, presque effrayé, devant les complications matérielles que la mobilisation totale du pays multipliait sans cesse autour de nous.

Nous n'avons pas regardé en arrière ; nous avons voulu ignorer tous les obstacles. Téméraires et prudents à la fois, sans rien abandonner au hasard, mais sans nous décourager devant les difficultés à résoudre, nous avons ouvert nos portes trois fois par semaine, puis quatre fois, réorganisé une troupe d'élite, égale pour le moins à celles d'avant la Guerre, attiré et retenu un public de plus en plus nombreux en variant nos distributions, les mises en scène du répertoire, les reprises les mieux désirées de la foule, et en osant-même risquer des créations nouvelles dont le succès va me permettre des manifestations plus éclatantes encore.

Nous jouons régulièrement six fois par semaine. Trente-quatre ouvrages sont inscrits à notre répertoire de guerre. Nos deux cents représentations ont réalisé un million et demi de recettes, bien que nous ayons admis à les entendre gratuitement ving-cinq mille blessés ou permissionnaires du front. Cinq cent soixante-seize artistes et employés émargent à notre budget mensuel, sans compter le personnel extérieur que nous aidons à vivre.

Malgré le renchérissement exorbitant des matériaux de toute sorte, j'ai, en effet, considéré comme un devoir de remettre à neuf les décors du répertoire, principale richesse de la Maison, dont les recettes et les moyennes ont atteint, sans abonnement ni séries spéciales, des chiffres très supérieurs à ceux des plus durables succès d'autrefois.

Tous mes essais ont eu le bonheur de réussir ; nous nous sommes placés d'emblée à la tête des théâtres de Paris ; nous avons la fierté d'avoir réuni et mis en circulation, depuis deux ans, des sommes qui garderont, à l'égard de tous, la suprême éloquence des chiffres : un demi-million est allé aux pauvres, aux auteurs et aux œuvres de guerre, sur les trois millions de salaires que nous avons distribués jusqu'à ce jour.

Et je n'y mentionnerai que pour mémoire, ne pouvant l'évaluer avec exactitude, le produit de nos galas au profit des organisations bienfaisantes qui ont fait appel à l'Opéra-Comique : seuls, les comités des œuvres bénéficiaires sauraient totaliser les ressources réalisées en leur faveur par le public de notre Maison.

Nos versements volontaires, nos dons particuliers au personnel, nos « charités » diverses ont dépassé cent mille francs. Avec les souscriptions directement adressées aux comités répartiteurs — et sans même y joindre les cinq pour cent supplémentaires perçus, pendant des mois, pour des œuvres d'assistance désignées par le Ministère — je puis affirmer que les galas de l'Opéra-Comique ont déjà gagné et distribué aux « victimes de la Guerre » plus de deux cent cinquante mille francs.

*
* *

Ces magnifiques résultats, nous les devons, avant tout, à un personnel incomparable. Son dévouement, sa discipline, sa solidarité laborieuse, ses travaux de toutes les heures, dirigés par des chefs qui sont l'honneur de la Maison, mériteraient une énumération qui remplirait bien des pages : il faudrait citer tout le monde.

Pour emprunter aux héros de Verdun et de la Somme un procédé qui dénoue, là-bas, les perplexités enthousiastes de leurs chefs, c'est notre personnel tout entier qu'il faudrait inscrire avec gratitude à l'ordre du jour de l'Opéra-Comique.

Mais je mentionnerai — destinant ces notes aux archives de la salle Favart — les ouvrages qui ont, en 1915-1916, réalisé les recettes dont a vécu la Maison, avec la fierté de défendre le répertoire national contre l'oubli, tueur de chefs-d'œuvre, et

contre un périlleux sommeil, envahisseur plus perfide encore, complice muet de l'ennemi.

Aphrodite et *Sapho*, rehaussées par des interprétations hors de pair, ont dépassé des recettes de
onze mille francs et des moyennes de huit mille.
*Manon, Carmen, Lakmé, Madame Butterfly, la
Tosca, la Traviata, Werther, la Vie de Bohème* et
Louise oscillent superbement, avec, souvent, des
recettes de dix mille francs, autour des moyennes
de sept mille, grâce à des distributions éclatantes,
dont la variété passionne la foule.

Viennent ensuite, en ordre dispersé, mais singu-
lièrement prospère, *le Jongleur de Notre-Dame,
Paillasse, le Juif Polonais, Madame Sans-Gêne,
les Dragons de Villars, Thérèse, la Vivandière,
Mignon, Phryné, Cavalleria Rusticana, la Fille du
Régiment, le Barbier de Séville, les Cadeaux de
Noël, les Amoureux de Catherine, Lumière et Pa-
pillons, les Noces de Jeannette, les Rendez-vous
Bourgeois, les Soldats de France,* etc.

Fidèle à sa décision de l'an dernier, l'Opéra-Comique n'a pas, en 1916, fermé ses portes à la date
de sa clôture habituelle. Depuis vingt-cinq mois,
et seul des théâtres de Paris, il a joué sans interruption, accroissant même, de semaine en semaine,
le nombre de ses représentations.

La Guerre dure — et durera trop longtemps encore : l'Opéra-Comique continuera de jouer. Bien
mieux, pour affirmer plus énergiquement la vitalité puissante de Paris, pour glorifier l'art français

et attester sa puissance créatrice à vingt-cinq lieues des Allemands, qui vont enfin désespérer de leur victoire, le Théâtre, avec les reprises de *Mârouf, Mireille, Orphée, le Roi d'Ys, Pelléas et Mélisande* et la première d'*Elvya*, donnera, selon des procédés nouveaux et des perfectionnements inédits, une grande première où tout Paris sera convié : *les Quatre Journées*, d'Alfred Bruneau, débordantes de patriotisme et de foi en un lendemain rasséréné, marqueront, pendant la guerre, une date mémorable dans l'histoire musicale de notre pays.

Et si, suivant sa coutume depuis deux années, le succès, cette fois encore, doit récompenser nos efforts, nous pourrons enfin rouvrir toutes grandes les portes de l'Opéra-Comique aux manifestations reconquises de l'art français, à ses créations vivifiées au souffle de la victoire, à tout ce qui doit être l'avenir triomphant de la France, sauvée encore de la ruée germanique par la supériorité de son génie.

Notre Assemblée générale du 26 janvier 1914 nous avait autorisés à émettre trente parts nouvelles et à porter notre capital nominal à deux millions trois cent mille francs.

Au début d'une succession que mes amis euxmêmes s'accordaient alors à trouver redoutable et lourde, j'avais eu le souci de parer à des éventualités défavorables.

On avait estimé — et je m'étais, avec modestie, laissé convaincre par cette sollicitude en alarme — que la nouvelle gestion de l'Opéra-Comique allait avoir besoin de fonds disponibles pour supporter la crise « inévitable » d'un changement de direction qui devait livrer les destinées de la Maison à toutes les incertitudes.

Je puis bien, aujourd'hui — avec, d'ailleurs, mon plus indulgent sourire — le rappeler ici : d'excellents esprits — par bonheur mieux doués de sympathie inquiète que de seconde vue — me prédisaient couramment d'inéluctables difficultés : tant que mon prédécesseur serait « parti », nous devions être environnés d'écueils et voués au naufrage ! Les trente parts nouvelles allaient nous aider, en cas d'accident, à renflouer un navire qui n'avait, pourtant, pas encore changé d'étoile.

Eh bien ! je n'ai pas eu à recourir à ces moyens de sauvetage : les six premiers mois de ma gestion, dépassant mes prévisions les plus hardies, réalisaient, je l'ai déjà dit, un total de recettes encore supérieur à celles du précédent exercice.

La Guerre elle-même, en créant autour de nous un réseau serré de déconvenues que d'autres avaient jugées inextricables, n'a pu ni décourager mes efforts, ni stériliser nos résultats.

Il ne faut pas oublier que le secret de nos succès et de notre vogue réside surtout dans les soins minutieux dont nous entourons ici toutes nos représentations.

C'est en créant à neuf, souvent de toutes pièces, les décors lumineusement transformés du répertoire — *Manon, Werther, Carmen, le Juif Polonais, Louise, les Dragons de Villars, Mireille*, etc. — que nous avons aussi captivé et retenu notre public. Un ascenseur a été construit et mis à sa disposition : il dessert les trois premiers étages de la salle remise à neuf ; et une machinerie nouvelle, malgré l'augmentation très onéreuse du fer, du bois et de la toile, est en voie d'achèvement. Cet outillage modernisé transformera en panoramas circulaires les anciennes perspectives droites de nos lointains, assurant, désormais, une économie considérable dans les surfaces peintes et le maniement de nos tableaux scéniques. Ils vont, par surcroît, gagner en améliorations artistiques et en mobilité tout ce dont ils seront allégés et simplifiés en manœuvres archaïques, en main-d'œuvre coûteuse et périmée.

Je ne voudrais pas terminer cet exposé sommaire, à mi-chemin de la Guerre, sans avoir insisté encore — après le rapide examen d'un passé qui s'est, en peu de temps, épanoui au delà de mes premières espérances — sur un avenir que nous pouvons fixer avec tranquillité.

Notre Maison, meurtrie par la guerre comme toutes les familles de France, demeure comme elles dressée contre les retours pervers de la fortune ; je sais alors que nous pourrions en subir encore : aucun n'abattra notre foi dans la victoire de notre pays.

L'Opéra-Comique aura combattu pour la vie nationale et le triomphe de l'art français au rang que lui ont, depuis si longtemps, assigné son passé splendide et son histoire, tissée, elle aussi, de tant de triomphes.

Toujours prêt à défendre la musique de nos maîtres et à leur susciter des continuateurs et des disciples, notre Théâtre — qui n'a point fermé ses portes depuis vingt-cinq mois — est devenu le premier lyrique de Paris.

Ses dimensions, hélas ! n'ont pas augmenté ; mais sa situation, sa renommée ont surpassé toutes les autres et sa vitalité volontaire a mérité et forcé tous les succès.

Sans abonnement, avec un répertoire réduit et des moyens diminués par les nécessités sacrées de la Guerre, l'Opéra-Comique a maintenu des recettes qu'aucune période antérieure n'avait connues à ce degré.

Ses artistes se sont prodigués, non seulement devant nos salles combles et dans nos galas frémissants et acclamés — le dernier a dépassé deux cent mille francs de recettes — mais partout où des formations sanitaires, des troupes au repos et jusqu'à des unités en pleine offensive ont fait appel au réconfort de leur présence, au prestige de leur talent, plus superbe et plus vivant encore de s'opposer en souriant aux embûches plus proches, aux menaces rôdeuses de la mort ou de l'ennemi.

L'Opéra-Comique s'est acquis, parmi les convalescents et les permissionnaires retour du front, un légitime renom de bonté généreuse et de fraternel accueil. Des milliers de lettres émues, écrites dans les cantonnements, m'en ont déjà remercié.

Il continuera ces traditions, qu'il a fondées et suivies sans lassitude à travers les pires obstacles. Nous voulons que ceux qui nous aiment, les bons Français, les artistes, les héros ardents de la tranchée, les saints mutilés de nos batailles, citent l'Opéra-Comique du temps de guerre à l'ordre du jour de leurs cœurs reconnaissants.

Il faut qu'on dise partout de notre Théâtre — dans la langue suzeraine qui sera celle des vainqueurs et selon le style d'un chef immortel, puisqu'il est mort pour la France — que nous avons su, nous aussi, en défendant notre art et ses chefs-d'œuvre, lutter contre les Barbares et tenir victorieusement *jusqu'au bout !*

*III

1916-1917

Le troisième exercice annuel du temps de mobilisation aura connu tous les succès.

Depuis le début des hostilités et en douze cent cinquante jours de guerre, l'Opéra-Comique a donné, sans interruptions et sans vacances, sept cent trente représentations, distribué cinq millions et demi de cachets et salaires, assuré l'existence de onze cents personnes, versé cent quatre-vingt mille francs aux œuvres de guerre — sans compter les sommes, bien plus considérables encore, réalisées, salle Favart, directement par les comités — et réparti deux cent mille francs de secours entre ses artistes, ses employés, ses mobilisés et les familles des artisans du spectacle, si cruellement éprouvés depuis trois ans.

Le total de mes avances au personnel, après avoir atteint un demi-million, dépasse encore cent mille francs — dont quatre-vingt mille pour la Coopérative ouvrière de l'Opéra-Comique, fondée sur mon initiative en vue d'assurer normalement, cet hiver et dans l'avenir, le chauffage et la nourriture de tous les nôtres, malgré les restrictions imposées par la Défense Nationale.

Il convient d'établir ici une comparaison qui s'impose : pendant le même temps, le plus vaste de nos théâtres lyriques parvenait difficilement à jouer cent soixante fois et totalisait, malgré ses dimensions imposantes, treize cent mille francs de recettes à peine.

Nous avons aussi la fierté douloureuse de compter aujourd'hui, parmi les nôtres, treize morts à l'ennemi, trente-deux blessés, sept étoiles de la Légion d'honneur, quatre médailles militaires et trente-huit croix de guerre sur cent cinquante mobilisés.

La Maison a gratuitement admis à ses matinées et soirées quatre-vingt-dix mille soldats, blessés, convalescents ou permissionnaires du front.

Ses artistes ont apporté leur concours continuel à toutes les manifestations lyriques de Paris dans les formations sanitaires et jusque dans les cantonnements du front, le plus souvent aux frais de la Direction, mais toujours en renonçant à toute indemnité personnelle dès qu'il s'agissait de réconforter et de distraire les héroïques sauveurs du pays.

Aujourd'hui, malgré les difficultés d'un recrutement professionnel qui s'accroissent de toute la durée de nos épreuves, l'Opéra-Comique a su réunir, devant des salles combles, la plus vivante et la plus belle troupe théâtrale de France.

Elle compte quarante et un soprani, vingt mezzos et contralti, quatorze ténors, vingt barytons et basses, soixante-six musiciens d'orchestre, quatre-vingt-seize artistes et stagiaires des chœurs, une moyenne de soixante figurants, soixante-trois danseuses ou élèves du ballet, soixante-douze machinistes, accessoiristes et électriciens, trente-quatre tailleurs, lingères et ouvrières d'ateliers, vingt et un chefs de service ou auxiliaires directs de l'administration, soit, au total, cinq cent sept titulaires d'emplois, sans y comprendre nos cent cinquante mobilisés et le personnel extérieur du théâtre qui émarge plus irrégulièrement aux caisses de l'Opéra-Comique.

Notre répertoire — j'ai eu l'honneur, au printemps dernier, d'aller le faire acclamer sur les plus grandes scènes d'Italie, en attendant de pouvoir organiser ses nouveaux triomphes jusque dans les deux Amériques, — compte trente-cinq ouvrages de musiciens français (au total, cent vingt-trois actes) et sept œuvres étrangères (vingt et un actes).

Sans abonnement ni publicité spéciale, la majorité de nos pièces réalise aujourd'hui des moyennes inconnues jusqu'à nous : elles assurent à nombre d'ouvrages, jadis abandonnés faute de soins soutenus et de résultats rémunérateurs, des locations fructueuses, qui les inscrivent parmi les mieux achalandés de notre théâtre, où les deux tiers de nos recettes totalisent des maximums oscillant entre dix et douze mille francs, avant l'augmentation du prix des places depuis longtemps promise par le Ministère.

Nous pouvons ainsi, après quarante-deux mois de guerre, inscrire avec fierté une moyenne de neuf mille francs pour *Carmen*. Celle de *Manon* atteint huit mille sept cents francs ; celle du *Roi d'Ys* dépasse huit mille cinq cents, comme celle de *Béatrice*, la plus récente création de la Maison. *Lakmé*, *Marouf*, *Louise*, *Sapho*, *Aphrodite* et *Mireille* donnent les mêmes chiffres, sans abonnement et, le plus souvent, sans 'étoiles, prouvant ainsi la vogue inouïe de la Maison : elle récompense nos jeunes artistes de leur magnifique et fidèle labeur.

Malgré les événements qui découragent tant d'initiatives et désorganisent le travail régulier et les ressources des meilleures troupes, l'Opéra-Comique a créé ou entièrement remis à neuf quantité de nouveaux décors.

Plus pratiques, plus modernes et mieux variés que ceux de l'ancien matériel — plus maniables surtout — ils ont été exécutés, en majeure partie, dans nos ateliers du boulevard Berthier par une équipe de décorateurs que j'ai organisée sous la direction du peintre Deshayes, d'après les données exposées, depuis des années, dans mes livres sur le théâtre moderne.

La création, l'entretien et la restauration continue du matériel scénique — première richesse de notre entreprise — sont assurés ainsi, en pleine guerre, avec un art heureux qui nous a rallié tous les suffrages : il nous a permis, en moins d'une année, d'improviser ou de rajeunir intégralement, sans avoir recours à une main-d'œuvre extérieure de plus en plus dispendieuse, trente-deux pièces du répertoire, renouvelant en tout ou partie *Manon*, *Werther*, *Mignon*, *Mireille*, les *Noces de Jeannette*, *Madame Butterfly*, *Cavalleria Rusticana*, *Aphrodite* et *Lakmé*.

Cette méthode — encore inconnue dans un théâtre français — nous donne déjà de tels résultats que j'aurai, grâce à elle, avant la fin légale du privilège, augmenté la valeur de nos décors, entièrement construits et repeints à neuf, ainsi que ceux de nos pièces inédites.

Au cours de cet exercice, l'Opéra-Comique a remonté les *Dragons de Villars*, *Mireille*, le *Roi d'Ys* et l'*Irato*, absolument comme autant d'œuvres nouvelles.

L'une des créations les plus importantes de l'année fixera, en outre, dans nos annales une date sans précédent : les *Quatre Journées* d'Alfred Bruneau m'ont donné l'occasion de tenter une réalisation pittoresque et hardie : les décors de l'ouvrage ont été exécutés sous la direction et selon les études spéciales du grand peintre Henri Martin ; l'atelier Bailly les a matérialisés avec une fidélité lumineuse, assurant ainsi à la musique toute sa couleur et à la peinture sa vibration sonore et son caractère décoratif.

Tous les artistes de Paris ont goûté cette innovation, beaucoup moins téméraire qu'il ne semble ; nous en varierons souvent le procédé, selon les œuvres qui pourront encore y trouver une atmosphère singulière, harmonisée au sujet et à la musique.

Pelléas et Mélisande, *Malva*, l'*Oiseau Bleu*, *Pénélope* elle-même emprunteront à ce mode insolite des éléments inédits de succès devant un public délicat.

Quarante-quatre décors nouveaux — dont trente-huit proviennent intégralement de nos ateliers du boulevard Berthier — vont, en quatorze mois, avoir, pour la première fois, paru sur notre scène, en y comprenant ceux de *Ping-Sin*, du *Beau Jardin de France*, de l'*Attaque du Moulin*, de *Castor et Pollux* et de *Maïmouna*, dont les premières sont à la veille d'être données à l'Opéra-Comique.

*

J'ai, progressivement, depuis trois ans, amélioré le sort matériel de tous nos collaborateurs. Aujourd'hui, la presque totalité de mes auxiliaires est payée à la représentation et nous jouons au moins sept fois par semaine, sans interruptions et sans congés.

Avant la guerre, mes jeunes pensionnaires touchaient des mensualités de cent à trois cents francs, avec un *nombre illimité* de représentations — qui allait souvent à seize par mois, créant ainsi un « feu » moyen de six à vingt francs.

Actuellement, *qu'ils aient ou non paru en scène*, les moins rétribués reçoivent trois cents francs par mois de minimum fixe ; leur cachet, la plupart du temps, leur permet de dépasser ce chiffre, augmenté parfois de la subvention (quatre-vingt-huit francs) que le personnel administre et répartit à sa guise.

Bien entendu, la rémunération des principaux artistes de la Maison est plus considérable : elle s'échelonne de trois cents à six cents francs par représentation.

Quant au petit Personnel — le plus éprouvé par la vie chère — je lui ai spontanément accordé des traitements progressifs, qui lui garantissent une existence exempte des plus graves soucis matériels.

En chiffrant les moyennes de nos salaires *sur la base de la représentation comme étalon de calcul*, après avoir totalisé les allocations aux mobilisés, les indemnités des répétitions, des heures supplémentaires et des répartitions fortuites, nous arrivons, dès 1917, à établir les comparaisons suivantes :

— Un artiste des chœurs, qui recevait, en moyenne, sept francs par représentation en 1914, touche treize francs pour le même service ;

— Une danseuse (six francs en 1914) perçoit, maintenant, dix francs ;

— Un musicien de l'orchestre (moyenne de dix francs par représentation avant la Guerre) touche seize francs de moyenne ;

— Enfin, les machinistes, ouvriers actuellement recrutés au jour le jour, reçoivent, en moyenne, par représentation quinze francs pour un service devant le public qui leur était payé sept francs avant la Guerre.

Ces aggravations de dépenses établissent les frais moyens de chacune de nos représentations à plus de huit mille cinq cents francs ; par bonheur, la moyenne de nos recettes, ayant sensiblement dépassé ce chiffre, m'a autorisé à créer une réserve et à distribuer un léger dividende — le premier que la guerre, après une exploitation de quarante-six mois, ait permis de proposer sans témérité. Il est calculé sur la base d'un peu plus de deux pour cent, soit environ le quart du revenu que nous donnaient, avant la Guerre, les six premiers mois de ma gestion.

Enfin, pour répondre à quelques légendes, perfidement colportées, hors de la Maison, par des éléments « indésirables » et qui commencent à m'environner d'un réseau d'intrigues et de basses complicités, j'ai le devoir de rappeler ici que les traitements de la Direction, volontairement réduits pendant la première moitié de la guerre au-dessous du chiffre prévu par nos statuts commerciaux et en dehors de toute intervention de l'Etat, sont les seuls qui n'aient pas, en outre, bénéficié des majorations de vie chère, assurées naguère à notre personnel ; et la répartition de notre Assemblée générale m'attribue seulement, en regard des risques aggravés et du labeur constant que je pense avoir acquis le droit de mentionner ici, une mensualité personnelle de gérance inférieure à douze cents francs. Mais il n'y a là aucune récrimination contre les tyranniques nécessités du temps de guerre ; et il m'est plutôt agréable d'avoir ainsi prouvé que les meilleurs de mes artistes reçoivent, même en temps de guerre, des rémunérations supérieures à celle d'un directeur de théâtre d'État.

J'ai donc la satisfaction d'inscrire l'exercice 1916-1917, lui aussi, — malgré les heures tragiques qu'évoqueront à jamais, dans l'histoire glorieuse de notre pays, ces dates ineffaçables — aux pages les plus éclatantes de nos anciennes annales, avec la fierté d'avoir ajouté un radieux fleuron à la couronne lyrique de l'Opéra-Comique français.

III

1917-1918

L'année artistique de l'Opéra-Comique, du 1er septembre 1917 au 15 octobre 1918, a subi tous les chocs en retour de la plus tragique, de la plus formidable des périodes de la Guerre.

Hâtons-nous de constater, avec un légitime orgueil, qu'aucun événement, même aux heures les plus sombres de ces douze mois, n'a pu paralyser notre résolution de solidarité et de résistance à tout prix : pas un seul jour l'Opéra-Comique n'aura, depuis quatre ans, fermé ses portes, ni renoncé à multiplier pour les siens les ressources qui les ont fait vivre, les réalisations musicales et scéniques qui demeureront l'honneur de notre théâtre pendant la tourmente, terminée pour le pays en une triomphale apothéose sans équivalente dans l'histoire.

Nous avons, en effet, en août 1918, atteint et dépassé la *millième* représentation de notre répertoire pendant la Guerre et distribué le *septième million* de nos salaires et droits divers à ceux qui ont vécu du labeur ininterrompu de l'Opéra-Comique au milieu des plus âpres difficultés qu'ait jamais connues une exploitation théâtrale comme la mienne.

Le précédent exercice avait bénéficié d'une sorte de cristallisation de la Guerre; elle avait permis aux nôtres de retrouver une existence presque normale, d'installer une régularité soucieuse dans nos travaux artistiques et d'organiser une plus large reprise de la vie d'autrefois devant un public assidu, composé de soldats permissionnaires, de blessés convalescents et de familles, réunies autour d'eux pendant leurs heures de détente à Paris.

Il faut ici — sans omettre de rappeler les heureux efforts des trois précédentes années — fixer le souvenir de nos plus éclatantes réussites au cours de ces derniers mois. Ils ont vu créer ou reprendre, dans des décors nouveaux et avec un succès d'autant plus brillant qu'il était plus ardu, l'*Irato* de Méhul, *Béatrice* d'André Messager, *Ping-Sin* d'Henri Maréchal, *Au beau Jardin de France* de Casadesus, les *Contes d'Hoffmann*, *Mârouf* dans sa version nouvelle, *Fortunio* et nombre de pièces du répertoire remontées en des cadres pittoresques et hardis, dont la plupart étaient entièrement réalisés par mes ateliers de décoration, au boulevard Berthier, sous la direction du peintre Deshaye. Les difficultés croissantes de la vie matérielle ont progressivement grevé notre exploitation de charges augmentées de jour en jour. Malgré nos approvisionnements en matières premières, le moindre de nos décors nouveaux coûtait plus cher que durant les premières années de guerre.

Certains matériaux devenaient introuvables, même à des prix exorbitants. J'ai, pourtant, réussi à obtenir par mes relations personnelles des marchandises avantageuses et des prix qui ont facilité nos réfections constantes et maintenu à notre matériel courant sa conservation parfaite et sa valeur.

Nos toiles de textilose notamment, si lumineuses et si solides, ont alimenté sans chômage les ateliers de Berthier ; nous les avons acquises au prix de fabrique (douane et port compris) de 2 fr. 50 à 4 francs le mètre : la Comédie-Française les payait, pour les mêmes commandes, de 3 fr. 85 à 6 fr. 75 le mètre.

Toutes les améliorations de la salle et de nos locaux ont été effectuées aussi selon des devis strictement étudiés ; la prospérité matérielle du théâtre a permis de les exécuter sans grever trop lourdement notre exploitation de guerre. Mais c'est surtout — malgré les légendes obstinées à nier l'évidence — au personnel de la Maison que nous avons assuré le meilleur de nos efforts continus et l'augmentation progressive des cachets et salaires. La courbe de nos dépenses à cet égard a, la plupart du temps, étroitement suivi la courbe de nos recettes ; et quand les deux lignes se sont écartées, c'est que les pertes ont, à notre charge, dépassé les excédents sous la pression des événements tragiques dont la victoire nous permet aujourd'hui de rappeler en souriant les angoisses encore si proches de nous.

.·.

Après les excellents résultats du précédent exercice — le premier qui ait pu fournir, au déclin de la quatrième année de mon privilège, une assez modeste répartition de dividendes — les recettes de l'exploitation atteignaient, en novembre dernier, une moyenne de 10.000 francs ; celles de septembre et d'octobre avaient déjà dépassé 8.600 et 9.600 francs.

Parallèlement, les chiffres des salaires et subventions du personnel passaient, en deux mois, de 122.000 à 181.000 francs ; les droits des pauvres et des auteurs, de 46.000 à 81.000 francs ; les frais généraux, de 26.000 à 52.000 francs.

Pendant quatre mois, *Carmen*, *Manon*, *Werther*, le *Roi d'Ys*, *Lakmé* et *Louise* arrivent en tête de nos moyennes, avec des recettes courantes de 11.000 francs et des interprétations où alternent, dans les mêmes succès, les védettes et la jeune troupe. Nouvelles augmentations en décembre, avec 195.000 francs au personnel et 340.000 francs de dépenses totales (droits d'auteurs et Assistance publique, 82.000 ; matériel, 21.000 ; frais généraux, 34.000, etc.).

En janvier 1918, les recettes ont dépassé 350.000 francs (34 représentations) ; le personnel a touché 213.000 francs. Dans ce total, les artistes de scène figurent pour 58.000 francs ; les chœurs en ont reçu 26.000 ; l'orchestre, 35.000 ; le ballet, 17.000 ; les machinistes, 19.000 ; les habilleurs, 4.300. Ce sont des résultats inespérés, sans précédents. Nous allons pouvoir reprendre une vie normale, porter à quarante, comme en temps de paix, le nombre de nos représentations mensuelles, en rehausser encore l'éclat et même réinstaller un régime de contrats réguliers, dont le tableau est déjà à l'é-tude.

Malgré le fléchissement de février (50.000 francs de recettes en moins), je puis annoncer, le 6 mars, à la délégation de l'Union des Artistes — stupéfaite de lire dans nos livres les chiffres *exacts* des cachets individuels à l'Opéra-Comique, de trois à cinq fois plus élevés que ne l'affirment certaines rumeurs jalouses — que je vais étudier et réaliser un relèvement du prix des places, avec l'agrément du Ministre, et la substitution des contrats écrits aux conventions verbales : leur fonctionnement avait, pourtant, depuis quatre ans, donné satisfaction à l'immense majorité de nos pensionnaires et permis, par roulement, les tournées des artistes en province où les grandes scènes leur allouaient les plus fructueux suppléments.

Mais, le surlendemain, les incursions nocturnes des avions boches recommencent ; les obus de « la grosse Bertha », la menace croissante d'un bombardement plus intense de Paris, la reprise furieuse d'une ruée allemande en Picardie déterminent à la fois l'exode des familles, des mesures de police rigoureuses et un mouvement venu de haut, qui tend à ordonner la fermeture des théâtres et la brusque suppression de nos ressources les plus vitales.

Mes démarches ardentes chez le Président du Conseil et le Ministre de l'Intérieur nous assurent leur appui : il est décidé que nos théâtres ne fermeront pas et que leur sous-sol, en cas d'alerte, abritera nos spectateurs ; on se souvient que l'application de ces mesures de sécurité donna parfois à nos soirées un insolite aspect de belle humeur singulièrement pittoresque.

On a beaucoup parlé, depuis trois ans, de nos « magnifiques recettes » et de notre « prospérité, vraiment extraordinaire ». Jamais on n'a fait la moindre allusion à nos pertes et à mes libéralités au personnel pendant les périodes troublées.

Personne ne s'avise de rappeler le souvenir de nos déficits de décembre 1914 à août 1915. On n'évoque pas davantage les chiffres maintenus de nos dépenses, de février à juillet, au cours de la dernière année de guerre.

Sans diminuer notre personnel, j'ai pourtant — à nos frais — fait face aux déboires des mauvais jours et conservé à la population parisienne, aux blessés et permissionnaires du front, le réconfort moral et sain de nos meilleures représentations.

Cependant, nos recettes tombent, en mars, à 3.000, 2.000 et même 1.600 francs. Au cours d'une matinée, l'obus de la « bertha » boche éclate à dix mètres du théâtre, rue Favart; et le spectacle continue, après une interruption de quelques minutes — le temps de jouer la *Marseillaise*, reprise en chœur par un public électrisé.

A la fin de mars, les dépenses, maintenues à leur maximum, atteignent toujours 300.000 francs environ et laissent, en huit jours, 14.000 francs de pertes. Les événements d'avril portent le déficit à 70.000 francs; mais nous jouons sans interruption et redoublons d'efforts obstinés alors que l'Opéra est contraint, une fois encore, de fermer ses portes.

En juin, les pertes dépassent 28.000 francs; mais le personnel reçoit plus de 150.000 francs, dont près de 40.000 uniquement pour les principaux interprètes affichés dans le répertoire.

Au moment où Paris est bombardé et menacé par la surprise brusquée des Allemands sur Château-Thierry, nous nous demandons s'il sera possible de tenir encore, salle Favart, et d'y assurer le pain de tous les nôtres. C'est alors que j'entre en pourparlers avec les scènes de province où je pourrais transporter éventuellement mes spectacles et nourrir mon personnel : Bordeaux, Marseille, Toulouse, Deauville et Biarritz nous donnent des réponses diverses; mais le Théâtre Municipal de Biarritz seul — sur l'initiative du Maire, M. le sénateur Forsans — intervient auprès du Ministre et nous fait transmettre l'autorisation officielle de signer avec lui.

Par bonheur, après un mois de juillet encore déficitaire, le mois d'août voit — grâce à l'héroïsme de nos soldats et des troupes alliées — l'étreinte ennemie se desserrer autour de nous. Paris respire et multiplie ses manifestations de confiance et de vitalité. Nos recettes augmentent ; la moyenne tombée en juin à 6.000 francs — avec 9.000 de frais bruts — remonte, en août, à plus de 9.000 et nous permet d'envisager le retour des excédents compensateurs.

Nous bénéficions aussi de réalités favorables : la plupart des théâtres ont fermé leurs portes. Septembre s'annonce pour nous sous les plus heureux auspices. Nous allons pouvoir redoubler de soins et augmenter encore le nombre de nos spectacles. Mes artistes y trouveront largement leur compte puisqu'ils sont payés au cachet.

Bordeaux n'a pas cru pouvoir nous accueillir sur sa grande scène municipale, fermée depuis quatre ans et, d'ailleurs, inachevée ; à Toulouse, où le théâtre fut récemment incendié, la municipalité ne pouvait nous offrir officiellement aucune autre scène ; les syndicats corporatifs, dans les autres grandes villes, n'admettent pas, sans y participer, une exploitation locale de l'Opéra-Comique. La saison de Deauville, trop courte et grevée d'engagements irrésiliables, ne peut, malgré la générosité de ses offres tardives, convenir à une entreprise fructueuse de nos éléments.

Reste Biarritz, lié à nous par un contrat avantageux, et disposé à nous allouer une subvention municipale et des dégrèvements rémunérateurs, dans une salle de 470 places seulement, mais avec un nombreux public de Parisiens qui nous soutiendra de son mieux.

Nous avons donc, à la fin d'août, dédoublé notre admirable troupe, obtenu des compagnies de transport le maximum des réductions en chemin de fer et, avec l'appoint de quelques éléments locaux, organisé, en quarante jours, vingt-trois soirées et une matinée de notre répertoire dans des conditions et avec un succès encore inconnus dans les annales les plus prospères des tournées lyriques hors de Paris.

On a brodé, autour de cet éclatant exode de l'Opéra-Comique sur la scène la plus élégante des villégiatures d'été, de fantastiques légendes et même quelques impostures intéressées. La réalité est, pourtant, des plus simples et toute à l'honneur et même à la gloire artistique de notre Maison.

Notre équipe de peintres du boulevard Berthier a, chaque jour, créé ou complété des décors tout neufs, dans une mise en scène constamment renouvelée, adaptée au cadre diminué de là-bas, avec une élite de cent cinq musiciens, choristes, interprètes et auxiliaires de chez nous, constituant des ensembles qui n'avaient jamais été réunis sur aucun théâtre de province et dont les répétitions m'ont immobilisé tous les jours devant la rampe, depuis le matin jusque fort avant dans la nuit.

Trop petite pour l'affluence de nos habitués, la salle du Théâtre Municipal de Biarritz a rallié, chaque soir, une élite d'abonnés et d'assidus, qui ont successivement acclamé *Manon*, *Sapho*, *Aphrodite*, *Werther*, *Carmen*, *Fortunio*, *Mireille*, *Lakmé*, les *Contes d'Hoffmann*, *Madame Butterfly*, la *Tosca*, la *Traviata*, etc.

La moyenne des recettes, grâce à des tarifs élevés, a dépassé 6.200 francs; leur total a atteint, avec les redevances et subventions diverses, plus de 160.000 francs.

Quant aux dépenses, elles demeurent inférieures à ce chiffre, malgré les 20.000 francs des frais de voyage, les 40.000 d'avances au personnel mis en route, les indemnités et loyers de séjour renchéris par les circonstances et tous les paiements locaux, singulièrement alourdis par les « prix de guerre ». Car il ne faut pas négliger de mentionner loyalement que les chefs de service, certains artistes, les choristes et les musiciens de notre troupe, transportés à Biarritz pour y jouer, n'ont touché à ce titre que des allocations de séjour, leurs appointements et leurs minimums demeurant, en somme, à la charge de notre exploitation de Paris où nous les considérions comme en congé.

C'est même cette marge de frais fixes qui nous avait permis d'envisager cette entreprise dispendieuse et assez risquée à première vue comme une opération digne d'être tentée pour la renommée et l'éclat de l'Opéra-Comique pendant la Guerre. Nous avions même — sous-évaluant d'avance nos ressources basques — prévu un déficit probable de 30.000 francs, dépense en quelque sorte de publicité ; et cette somme avait été déposée d'avance dans une banque de Biarritz : elle nous a été retournée intégralement.

Ainsi, cette belle « aventure musicale » qui nous a permis de jouer, parfois, le même jour et à la même heure, la même pièce à Paris et à Biarritz, n'aura non seulement rien coûté à notre théâtre, mais elle a augmenté son bénéfice en cours, affirmé sa vitalité, sa discipline, la solidarité laborieuse de tous les siens. Grâce à elle, en quarante jours, l'Opéra-Comique a donné cinquante-huit spectacles de son répertoire avec leur maximum de rendement, porté ses recettes totales de septembre à *un demi-million* et ses dépenses environ à 450.000 francs — chiffre énorme, qui distance beaucoup les précédents les plus heureux, avec 260.000 francs de salaire au personnel (dont près de 70.000 aux artistes de l'affiche), plus de 100.000 francs de droits d'auteurs et des pauvres et 60.000 francs de frais généraux, le tout aux tarifs d'avant-guerre, puisque le Ministère n'a accordé le relèvement du prix des places, toujours promis, qu'après mon départ de l'Opéra-Comique.

La totalisation de septembre 1917, malgré son succès, n'avait atteint que 250.000 francs. De notre réussite à Biarritz nous avons donc le droit d'être fiers, surtout après le labeur constant qu'elle nous

a coûté. D'ailleurs, le 13 octobre 1918, M. le sénateur Forsans, maire de la ville, ayant réuni le
Conseil Municipal pour nous attribuer une subvention de 7.000 francs, me faisait voter à l'unanimité une adresse officielle où il est exprimé
qu' « après cette série de représentations hors de
pair, avec des éléments et des ressources incomparables, le Conseil Municipal adresse à leur organisateur des remerciements auxquels M. le Maire
joint l'expression de sa gratitude personnelle. »

Ajoutons que le premier gala donné par la
troupe pour les blessés de Biarritz avait réalisé,
le 14 septembre, 9.924 francs de recettes, laissant
aux hôpitaux de la ville un bénéfice de 2.038 francs.
La représentation « hors série » du 28 septembre,
promise au bénéfice de la Société des Auteurs,
n'eut pas le même succès : une furieuse tempête
d'équinoxe, qui dura toute la semaine, rendit le
théâtre presque inabordable et ne laissa qu'un
déficit — avec 5.956 francs de recette brute.

*
* *

Pour résumer ces notes rapides, il faut ici retenir une vision d'ensemble : au cours de la suprême,
de la plus dure année de la Guerre — qui se termine pour le pays en une apothéose de victoire —
j'ai bien le droit d'affirmer que l'Opéra-Comique,
pendant la mobilisation, a honoré Paris et l'art mu-

sical français dont il a été le champion le plus actif, même aux heures tragiques où notre espérance se sentait profondément meurtrie.

Il convient d'en remercier et d'en féliciter tous les miens, depuis mes excellents chefs de service jusqu'aux plus modestes de mes artistes et de mes ouvriers. Je leur dois la meilleure part de nos succès, la fidélité quand même de nos triomphes, les résultats matériels dont je n'ai ici à dire que quelques mots.

Les bénéfices acquis de septembre à février et ceux d'août dernier compensent largement les pertes des autres mois ; c'est ce qui nous aura permis, avec trois millions environ de recettes totales, de payer, en 1918, l'intérêt à 4 % fixé aux statuts et de distribuer un dividende.

On a voulu, dans des polémiques récentes, soutenir que si nos artistes de scène avaient eu des contrats *écrits*, ils auraient gagné davantage, au détriment de notre bénéfice social.

Il faut tout ignorer de nos chiffres réels pour le soutenir. Jamais, en effet, — en dehors de rares vedettes, forcément diminuées quant au nombre de leurs représentations, puisqu'on ne jouait plus tous les jours — les traitements de la majorité des artistes n'avaient égalé à l'Opéra-Comique — et ailleurs — leurs plus récentes mensualités.

Je ne puis même pas en fixer exactement tous les chiffres puisque la plupart de mes artistes, dans la limite plus élastique de leurs « contrats verbaux », acceptaient en province des représentations dont ils avaient seulement à me communiquer les dates ; j'en tenais compte dans les distributions de l'affiche, toujours arrêtées chez nous un mois à l'avance.

Ce système d'entente préalable, en augmentant les ressources des artistes de tout un casuel dont ils étaient les libres bénéficiaires, nous permettait en outre le plus équitable des roulements. Chaque rôle du répertoire — loin de demeurer l'apanage exclusif d'une seule vedette — passait alternativement de l'une à l'autre, augmentant ainsi le bagage de chacun et lui permettant de fructueuses tournées en province.

C'était par excellence un régime de liberté tout à l'avantage des artistes et d'un rajeunissement continuel des distributions ; car la jeune troupe de la Maison y jouait aussi souvent que les étoiles et se perfectionnait plus rapidement qu'ailleurs.

Le retour aux anciens contrats « écrits » — l'on a vu quelles circonstances critiques l'ont, deux fois de suite, retardé et ajourné à octobre *avec l'assentiment du Ministre* — nous était surtout demandé par quelques vedettes. Elles ont fait, autour de leur vœu tout personnel, une campagne de presse et d'opinion que les chiffres auraient singulièrement éclairée en ma faveur. Depuis quelque temps, les artistes reconnaissent euxmêmes la supériorité du récent système de leurs émoluments de guerre à l'Opéra-Comique et de ce mode d'engagements.

Un contrat écrit, en effet, — s'il garantit un minimum fixe au professionnel — aliène sa liberté extérieure et contraint la direction à sacrifier nombre de jeunes interprètes, puisque tout roulement devient à peu près impossible ; et les cas forfuits du temps de guerre n'en rompent pas moins cet engagement sans indemnité. Il y a aussi, dans ces exploitations de fortune, l'inconvénient de décourager les débutants les mieux doués en les contraignant à marquer le pas durant des années — et d'exposer le théâtre aux relâches forcés de la dernière heure, faute de remplaçants toujours prêts à suppléer un camarade tombé malade subitement ; je n'ai, pour notre part, jamais changé une seule de nos *mille* affiches pendant la Guerre.

Nous pourrions même soutenir — et démontrer — que ces contrats « verbaux » — auxquels je n'ai jamais manqué moi-même — furent, pendant ces quatre années, beaucoup plus avantageux pour la troupe, dans un théâtre qui n'a plus refermé ses portes depuis le 6 décembre 1914 et n'a subi, depuis ce jour, ni interruption ni chômage. Et il était matériellement impossible, en ces temps à la merci des pires incertitudes, d'assigner par traité aux artistes un minimun appréciable sans le subordonner, comme ailleurs, à des résiliations soudaines, aux premières alertes d'un péril public.

Un retour prématuré au régime des contrats écrits nous eût, depuis longtemps, allégés de nombreuses charges secondaires dont le total était fort lourd ; mais il eût été cruel de le diminuer en temps de guerre aux dépens des artistes d'arrière-plan, fatalement congédiés par une brusque reprise des contrats écrits.

Mes cachets « verbaux » ont, au contraire, suivi la progression même de nos recettes, la courbe ascendante de nos succès. En 1915, la somme des cachets au personnel — souvent composé de passants, d'irréguliers et d'artistes incertains encore de leur résidence et de leur lendemain — oscillait de 30 à 50.000 francs par mois pour l'ensemble de nos emplois de scène.

On s'est, naguère, beaucoup plu à édifier, pour me critiquer, fût-ce au prix d'un mensonge plus obstiné que mes démentis, des statistiques tendancieuses sur ces chiffres périmés et à les invoquer contre moi au moment où le total des mêmes dépenses a largement — nous venons de le voir — dépassé 200. 000 francs par mois.

On a dit aussi — après avoir, sans doute, additionné tous les noms imprimés sur mes affiches depuis quatre ans — que j'avais une troupe trop nombreuse — ne parlait-on pas de 90 cantatrices ? — et que certains artistes étaient réduits, chez nous, à des mensualités dérisoires.

Autant d'affirmations, autant d'erreurs ! Mon personnel lyrique comptait, en 1918, 30 interprètes-hommes — dont 10 mobilisés à Paris, avec un service intermittent des plus précaires et 4 élèves-stagiaires, aux appointements de 200 à 300 francs de « vie chère » par mois, qu'ils aient ou non paru en scène — et 31 cantatrices de tout rang — dont 9 stagiaires dans les mêmes conditions que les élèves-hommes.

Parmi les chanteurs qui étaient déjà mes pensionnaires avant la guerre, deux seulement — d'ailleurs mobilisés et malades — ont gagné moins qu'en 1914, avec, toutefois, un minimum de 1.500 francs par mois ; 5 autres, dont les mensualités, il y a quatre ans, se graduaient de 300 à 1.000 francs, émargeaient naguère de 600 à 2.600 francs.

Parmi les cantatrices dans les mêmes conditions, une seule — malade et souvent absente — a vu son mois diminuer de 1.500 francs (pour 10 spectacles) à 600 (pour deux représentations seulement) ; 10 autres, dont l'émargement, en juin 1914, s'échelonnait individuellement de 100 à 500 francs par mois, recevaient des mensualités dont la plus faible est de 600 francs (avec 2 cachets) et la plus forte de 2.000 francs (avec 10 représentations), et ma vedette la plus récente a reçu 6.000 francs pour 10 spectacles.

Ne nous berçons point de l'illusion que l'éloquence irréfutable de ces chiffres aura raison des légendes malveillantes, obstinées à parler de « salaires de famine » ; je n'ai pas tenté de les démentir publiquement. Mais je devais cette rectification à ceux de mes amis qui s'étaient émus

peut-être en lisant les attaques de telle et telle
autre vedette, qui nous quittèrent volontairement
après avoir touché : l'une — un ancien baryton —
100.000 francs de cachets en moins de trois ans
et demi de guerre ; et l'autre 600 francs par
représentation (au lieu de 500 en 1914).

*
* *

En résumé, aucun théâtre n'aura, pendant la
Guerre, distribué, à Paris, autant de salaires que
nous : ils ont, je l'ai dit, dépassé sept millions.

Nos caisses de secours ont réparti chez nous plus
de 230.000 francs depuis le début des hostilités,
sans chiffrer ici nos libéralités privées — celles de
miss Mary Garden et de quatre autres bienfaiteurs
anonymes — et les contributions considérables de
l'Opéra-Comique à toutes les œuvres de guerre qui
se sont adressées à moi.

C'était, au demeurant, ma mission naturelle : et
j'y ai associé mes commanditaires — certain de
leur adhésion chaleureuse — en diminuant d'autant
leurs bénéfices et les miens.

La discipline parfaite de la Maison, son dévouement et son labeur de toutes les heures, l'éclat de
ses créations et de ses reprises m'apparaissent —
sur le seuil quitté des mauvais jours, dans le rayon-
nement glorieux de notre pays, tout étincelant de
la plus belle des victoires — comme autant de

titres au noble orgueil d'avoir fait tout mon devoir, à la tête d'un théâtre qui était sans conteste, je le répète, devenu, pendant la Guerre, la première scène lyrique de Paris.

IV

ÉPILOGUE

Pendant que j'étais à Biarritz, absorbé par des improvisations et des travaux de toutes les heures, il se passait à Paris, des faits que je n'ai point ici à qualifier : ils sont actuellement soumis à la plus haute de nos juridictions : elle statuera souverainement à leur égard.

Mais j'ai peut-être le devoir — pour mon nom, celui de mes fils, et pour tous les miens — de couper court à certaines insinuations hostiles. Ceux qui ne me connaissent pas — ignorant ma vie un peu distante, toute consacrée, depuis trente ans, à la littérature, à l'art, à la musique, mon passé de travail continu, mes origines familiales et morales — ceux-là pourraient rencontrer un de mes ennemis et se laisser surprendre par ses propos.

On n'est pas impunément, pendant des années dans la lutte forcenée de Paris, surtout à la tête d'un théâtre d'État, sans avoir — le voulant bien ou à son insu — encouru des haines fatales, des rancunes injustifiées, ou provoqué sans le savoir des vengeances personnelles. Elles auront, pour un temps, réussi à me blesser.

— « ..... Mais jamais, sous aucun régime, m'écrit un ami, membre du Gouvernement, le *fait du prince* ne se sera manifesté sous une forme plus despotique et plus invraisemblable : le Ministre des Beaux-Arts met fin brusquement à votre privilège ! »

Et en effet, le 15 octobre, le Ministre — dont la décision, concertée avec les autres intéressés, est prise depuis trois semaines — après un dialogue obscur et embarrassé, la veille au soir (il y a deux mois et demi qu'il n'a eu aucun rapport avec moi et quinze jours qu'il refusait de m'entendre) pense avoir le droit, sans même en aviser le Conseil des Ministres, de rapporter l'arrêté du 4 novembre 1913 me nommant pour sept ans Directeur de l'Opéra-Comique et me le signifie sous pli cacheté — j'allais dire par lettre de cachet.

Le lendemain, le *Journal officiel, sans publier une ligne de cet arrêté de retrait*, nomme immédiatement et sans aucun délai de transmission mon successeur — mon ancien prédécesseur, un lieutenant-colonel territorial employé, pendant toute la Guerre, dans les bureaux du Ministère, à Paris — mari d'une cantatrice que j'ai dû éloigner de l'Opéra-Comique pour indiscipline grave — mais *en tiers* avec mes associés commerciaux infidèles (on voit tout de suite de quelles connivences indéniables part le mauvais coup) et pour un nouveau privilège de sept années. Il paraît qu'il fallait trouver « à tout prix » une place à ce directeur, vieilli sous le harnais, et qui avait eu le malheur de ne pas réussir à la tête du théâtre où on l'avait mis.

L'arrêté qui me concerne prétend appuyer sa décision :

1° Sur mon prétendu « refus de m'entendre » avec mes associés — deux anciens forains, nommés, il y a cinq ans, auprès de moi (je ne les connaissais pas encore !), à la stupeur générale du Tout-Paris artistique et musical, — mais avec cette sage précaution, formellement spécifiée dans mon arrêté, que j'étais seul Directeur de la partie artistique, c'est-à-dire l'arbitre réel, sinon absolu, des destinées de l'Opéra-Comique.

— Or, depuis cinq ans, tous mes Ministres avaient reconnu cette exclusion à mon bénéfice et je n'ai jamais cessé de la maintenir, dans la série des conflits sournois dont on m'a continuellement tracassé. Ma lettre du 10 août 1918, visée à tort par la rédaction « officielle » d'un vindicatif Lebureau, rappelle, une fois de plus, cette spécialisation, refuse encore de la partager avec des incompétences exaspérées de jalousie et de vanité froissée et n'est produite contre moi, en mon absence, à la suite d'un complot dont je connais aujourd'hui toutes les trames et avec un commentaire inexact, que *trente-huit jours* après sa date.

2° Sur une lettre de démission de mes associés administratifs, dictée à mon insu et où l'on fait déclarer aux deux illettrés qu'il « ne leur est plus possible de demeurer mes associés. »

— Or, l'article 2 du Cahier des Charges de l'État prévoit expressément ce cas : il m'assurerait intégralement la Direction ; mais ce n'est point la solution qu'on a su d'avance imposer au Ministre.

3° Sur l'article 82, stipulant que « l'autorisation peut être retirée au Directeur qui contrevient aux dispositions dudit Cahier des Charges ou qui, par des actes personnels et à *raison de circonstances que le Ministre se réserve d'apprécier* a cessé de mériter *la confiance* de l'Administration. »

— Or, c'est mon Ministre lui-même qui, dès le début des hostilités, a suspendu formellement et d'accord avec moi l'application, d'ailleurs impossible, du Cahier des Charges pendant la Guerre ; son successeur convient, il est vrai, verbalement et par écrit, le même jour (15 octobre 1918) qu'il n'a *rien à me reprocher*, prétend néanmoins, dans le texte officiel de son perfide Lebureau, apprécier contre moi — sans m'avoir *ni averti, ni sommé, ni entendu* — je ne sais quelles « circonstances » ténébreuses et déclarer que je n'ai plus *la confiance* de ses bureaux, on ne peut arriver à me dire pourquoi ; ce qui est absolument nul en droit français.

Ainsi, ce que *jamais* Ministre omnipotent n'a pu réaliser contre un directeur de théâtre subventionné en mauvaise posture — Walewski lui-même, sous l'Empire, n'osait pas révoquer le privilège de M. Beaumont, directeur de l'Opéra-Comique, insolvable, *en faillite* scandaleuse et publiquement accusé par ses commanditaires, ses artistes et ses fournisseurs, le Ministre ne se trouvant pas encore assez armé *légalement, avant la fin de son privilège* contre un concessionnaire pourtant indigne et déchu de toute autorité — une coalition de bas intérêts et de rancunes anonymes vient de l'obtenir, d'un Ministre qui passe pour honnête homme, contre le *seul Directeur* effectif depuis cinq ans (mes lamentables associés administratifs l'avouent eux-mêmes) d'un théâtre maintenu par mes efforts sans aucun répit au maximum de la prospérité. C'est donc une accusation d'anarchie et de mauvais fonctionnement qui aurait terminé brutalement le privilège le plus laborieux, le plus discipliné de Paris, en pleine Guerre, et avec des résultats qui, jusqu'ici, m'avaient valu — des centaines de documents l'attesteront — non seulement *la confiance*, mais l'affectueuse estime des musiciens, des artistes, de l'opinion et des pouvoirs publics ! .....

Je n'insiste pas. On pense bien que je ne puis m'incliner devant cet abus de pouvoir : j'en appelle au Conseil d'État. Il me rendra ma place à la tête d'une maison à laquelle je demeure attaché par des années de labeur continuel et d'incontestable réussite.

Je remercie mes artistes, mes ouvriers et mes chefs de service — tous mes amis — des sentiments cordiaux et fidèles qu'ils m'ont témoignés et ne cessent plus, depuis ce « coup de théâtre », de me prodiguer encore ; ils ont encouragé et facilité ma lourde tâche personnelle ; ils me vengent déjà d'un déni de justice sans exemple.

Et j'ai la fierté — attristée tout de même — de les quitter pour quelque temps en leur disant.... non pas adieu — mais au revoir !

P. B. GHEUSI,

4, Rue Saint-Florentin, à Paris.

MACON, PROTAT FRÈRES, IMPRIMEURS

SOUS PRESSE :

CHEZ BERGER-LEVRAULT

LA GUERRE

ET

LE THÉATRE

PAR

P. B. GHEUSI

1914-1918

DOCUMENTS INÉDITS

Mémoires d'un Officier du Général Gallieni
et Journal parisien du Directeur du Théâtre National
de l'Opéra-Comique pendant la Guerre.

(Un vol. gr. in-12, de 600 pages.)

MACON, PROTAT FRÈRES, IMPRIMEURS.